BEI GRIN MACHT SICH IHR WISSEN BEZAHLT

- Wir veröffentlichen Ihre Hausarbeit,
  Bachelor- und Masterarbeit

- Ihr eigenes eBook und Buch -
  weltweit in allen wichtigen Shops

- Verdienen Sie an jedem Verkauf

Jetzt bei www.GRIN.com hochladen
und kostenlos publizieren

GRIN ⌣

Bibliografische Information der Deutschen Nationalbibliothek:

Die Deutsche Bibliothek verzeichnet diese Publikation in der Deutschen National-
bibliografie; detaillierte bibliografische Daten sind im Internet über http://dnb.d-
nb.de/ abrufbar.

Impressum:

Copyright © 2017 GRIN Verlag
Druck und Bindung: Books on Demand GmbH, Norderstedt Germany
ISBN: 9783668817975

Dieses Buch bei GRIN:

https://www.grin.com/document/444790

Berkay Saral

Die Didaktisierung der Unterrichtsstunde "Movimientos migratorios de México a EE.UU" mit dem Fokus auf die interkulturelle kommunikative Kompetenz

GRIN Verlag

GRIN - Your knowledge has value

Der GRIN Verlag publiziert seit 1998 wissenschaftliche Arbeiten von Studenten, Hochschullehrern und anderen Akademikern als eBook und gedrucktes Buch. Die Verlagswebsite www.grin.com ist die ideale Plattform zur Veröffentlichung von Hausarbeiten, Abschlussarbeiten, wissenschaftlichen Aufsätzen, Dissertationen und Fachbüchern.

Besuchen Sie uns im Internet:

http://www.grin.com/

http://www.facebook.com/grincom

http://www.twitter.com/grin_com

Inhaltsverzeichnis

1.Einleitung

Die vorliegende Arbeit thematisiert die Literaturdidaktik im Spanischunterricht mit dem Fokus auf die „interkulturelle kommunikative Kompetenz". Zunächst erfolgt ein allgemeiner Teil zur fachdidaktischen Perspektive. Hierbei wird auf Kreativität sowie interkulturelles Lernen eingegangen und verdeutlicht, welche Wichtigkeit diese für den Fremdsprachenunterricht darstellen. Im Anschluss daran soll der Fokus auf die Kompetenzen gelegt werden, da diese den Schwerpunkt dieser Arbeit ausmachen sollen. Zudem soll beleuchtet werden, welche Lernziele und Kompetenzen die SuS in der geplanten Unterrichtsstunde erreichen sollen und wie das Thema der *"movimientos migratorios de México a EE.UU"* im Unterricht behandelt werden kann. Anschließend erfolgt der praktische Teil dieser Arbeit. In diesem Teil wird die Unterrichtsstunde vorgestellt, worin die Angaben zu den Rahmenbedingungen und das Thema des Unterrichtsvorhabens dargestellt werden. Im Anschluss wird das Kernanliegen formuliert und der Stundenverlaufsplan in tabellarischer Form aufgelistet. Des Weiteren wird die 60-minütige Unterrichtsstunde in die Unterrichtsreihe eingeordnet und die didaktische Analyse der Phasen verfasst. Im Fazit soll schließlich die Frage beantwortet werden, ob es für die Lehrkraft im Fremdsprachenunterricht wichtig ist, die interkulturelle kommunikative Kompetenz zu fördern und welche Schwierigkeiten diese mit sich bringt.

2.Fachdidaktische Perspektive

2.1 Kreativität im Fremdsprachenunterricht

Seit den 1990er Jahren ist der fremdsprachendidaktische Diskurs durch konstruktivistische Positionen geprägt. Der Konstruktivismus ist in diesem Zusammenhang eine „lerntheoretische und erkenntnistheoretische Position, die insgesamt vom Konstruktcharakter der Wirklichkeit ausgeht" (Fäcke 2011, 59). Zudem unterscheidet man zwischen radikalem und gemäßigtem Konstruktivismus. In dieser Arbeit soll in Kürze nur auf den gemäßigten Konstruktivismus eingegangen werden. „Im gemäßigten Konstruktivismus wird Lernen als selbstgesteuerter, autonomer, selbstverantwortlicher Konstruktionsprozess verstanden" (Fäcke 2011, 59). In Bezug auf die Kreativität im fremdsprachlichen Unterricht wird auf den erkenntnistheoretischen Ansatz des gemäßigten Konstruktivismus eingegangen und versteht sich als eine Neuordnung bereits vorhandenen Wissens. Demnach ist der kreative Umgang der SuS mit Literatur heute in den Vordergrund gerückt. Dennoch ist Kreativität Gegenstand verschiedener Definitionen und wird unterschiedlich wahrgenommen. Nach Massialas & Zevin (1969, 22) müssen kreative Personen über Eigenschaften wie Intelligenz, Originalität, sprachliche Ausdrucksfähigkeit, Humor und Selbstvertrauen verfügen. Kreativität im Fremdsprachenunterricht bedeutet jedoch, dass der Unterricht von der Lehrkraft lebendiger gestaltet und das Verständnis über die gelesene Literatur bei den SuS verbessert wird (Küster & Decke-Cornill 2010, 248). Hierfür lassen sich drei kreative Verfahren hervorheben, die den Anforderungen des fremdsprachigen Lesens und Literaturunterrichts gerecht werden und besonders die Leser unterstützen, die über geringere Sprachkompetenzen verfügen. Diese sind die sogenannten „Pre-, While-, und Post-reading activities" (Küster & Decke-Cornill 2010, 248). Der Lehrer kann durch „Pre-reading activities" den SuS das Thema zugänglich machen und notwendige Informationen bereitstellen. Dieses Verfahren ist sehr motivierend für die Schüler und ist daher für einen Einstieg in die Thematik geeignet (Laurenz 2010, 229). Die „While-reading activities" hingegen sind Aufgaben, die sich auf den aktuellen Text beziehen oder sind Aktivitäten, die während des Lesens durchgeführt werden. Ziel dieses Verfahrens ist es, das Leseverständnis der Schüler zu fördern und ihr Vertrauen in die eigenen Fähigkeiten des Leseverstehens zu stärken. Zuletzt folgen die „Post-reading activities", die die Begegnung mit dem Text weiter vertiefen und verarbeiten. Da dieses Verfahren bereits über das eigentliche Leseverständnis hinausführt, beinhaltet es eine Analyse des Gelesenen. Es ist zu erwarten, dass der Schüler eine eigene Position einnimmt, die mit der Aussage des Textes verglichen wird (Küster & Decke-Cornill 2010, 248). Zum einen kann es aus dem kreativen Schreiben mit Anleitungen gelingen die Problemebenen zu entzerren (orthografische, grammatische, semantische und stilistische), sodass die SuS Form und Inhalt nicht gleichzeitig kontrollieren müssen. Zum anderen kann kreatives Schreiben „ohne normative Erwartungen Schülern helfen, Schreibangst zu bewältigen, die sich durch die Angst vor den Lehrererwartungen aufgebaut hat" (Hinrichs 2011, 4). Des Weiteren ergeben sich nach dem interaktionellen Ansatz der Kreativität für den fremdsprachlichen Unterricht drei Folgerungen: Die erste Folgerung weist darauf hin, dass nicht jegliche Eigenproduktionen von Lernenden als kreative Leistung betrachtet werden darf. Die zweite Folgerung betont, dass vom fremdsprachlichen Unterricht eine permanente Kreativität nicht gefordert werden darf. Die letzte Folgerung erklärt, dass man den Lernenden hinreichend Gelegenheit zu Interaktionen geben muss, damit Kreativität sich entfalten kann (Heribert 1997, 5). Es sollte nicht unerwähnt bleiben, dass Kreativität eine zentrale Ressource darstellt. Kreatives Denken sollte nicht als Luxus wahrgenommen, sondern vielmehr als Grundstein der Bildung angesehen werden. Daher sollte bereits im frühkindlichen Alter Kreativität gefördert werden, um eigene Erfahrungen sinngebend zu verarbeiten (Baudson 2010, 199).

2.2 Interkulturelles Lernen

Bereits in den 1970er Jahren etablierte sich die kommunikative Kompetenz als Leitziel von schulischem Fremdsprachenunterricht. Der interkulturelle Aspekt fremdsprachlicher Kommunikation rückte im Anschluss in den 1990er Jahren in den Vordergrund (Hallet & Königs 2009, 75). Daraus folgt, dass interkulturelles Lernen „in den letzten beiden Jahrzenten zu einer Querschnittsaufgabe schulischer und außerschulischer Bildung avanciert" (Meißner 2010, 137). Dennoch unterscheidet man zwischen interkultureller Kompetenz und interkulturellem Lernen. Der Begriff „interkulturelle Kompetenz" etablierte sich im außerschulischen Bereich, während der Terminus „interkulturelles Lernen" hauptsächlich im Zusammenhang schulischen Fremdsprachenunterrichts verwendet wird (Meißner 2011, 49). Zudem weist der Begriff des „interkulturellen Lernens" auf die „konzeptuelle Weiterentwicklung" der Landeskunde hin und strebt „einen reflektierten Umgang mit Klischees, Stereotypen und Vorurteilen gegenüber dem jeweiligen Zielsprachland" an. Ziel des interkulturellen Lernens im Fremdsprachenunterricht soll es sein, kulturelle Unterschiede und Gemeinsamkeiten zu entdecken, um das Bewusstsein eigenkultureller Wissensbestände zu verstärken (Eberhardt 2013, 21). Hieraus ergibt sich, dass der Kulturbegriff dem interkulturellen Fremdsprachenunterricht zugrunde liegt. Demnach können Kulturen nicht als „homogene Entitäten" aufgefasst werden, da sie sich durch „Heterogenität und Pluralität" auszeichnen. Es ist unbestritten, dass die Vorstellungen von Kulturen durch subjektive Konstrukte und individuelle Wahrnehmungen entstehen und keine objektiven Gegebenheiten darstellen (Meißner 2010, 138). Des Weiteren definiert Lüsebrink (2005, 9) interkulturelle Kompetenz im schulischen Fremdsprachenunterricht als das Vermögen:

„mit fremden Kulturen und ihren Angehörigen in adäquater, ihren Wertesystemen und Kommunikationsstilen angemessener Weise zu handeln, mit ihnen zu kommunizieren und sie zu verstehen."

Es sollte nicht unerwähnt bleiben, dass interkulturelle Kompetenz drei Komponenten hat: die affektive und attitudinale Komponente, die wissensbasierte analytische Komponente und die handlungsorientierte Komponente. Zu der „affektive[n] und attitudinale[n] Komponente" lässt sich sagen, dass die Einstellungen und Haltungen gegenüber dem Fremden überwiegend von Emotionen beeinflusst werden. Die Lernenden begegnen Menschen aus fremden Kulturen neugierig und sind bereit, ihre Einstellungen und Haltungen zu verändern (Meißner 2010, 142). Die „wissensbasierte analytische Komponente" interkulturellen Lernens hingegen stellt sich die Frage, welche Funktionen Kulturstandards und Stereotypen haben und welche Rolle sie in interkulturellen Kommunikationssituationen spielen. Die Lernenden vertiefen ihr Wissen über fremde Kulturen, um die neue Lebenswelt annähernd rekonstruieren zu können (Meißner 2010, 143). Die letzte und dritte „handlungsorientierte Komponente" zielt darauf, dass der Lernende beispielsweise bei Referaten nachweisen muss, ob er das erworbene Wissen über die fremde Kultur in „interkulturellen Kommunikationssituationen handlungsorientiert umsetzen kann" (Meißner 2010, 145).

3. Kompetenzen

3.1 Interkulturelle kommunikative Kompetenz

„Auf der Ebene der interkulturellen kommunikativen Kompetenz berücksichtigt der Spanischunterricht der gymnasialen Oberstufe soziokulturell und global bedeutsame Themen und deren Darstellung in den spanischsprachigen Texten und Medien in besonderer Weise. Die Auseinandersetzung mit anderen Lebenswirklichkeiten sowohl in historisch erklärender als auch aus geschlechterdifferenzierender Perspektive fördert die Bereitschaft zur Selbstreflexion und eröffnet den Schülerinnen und Schülern die Möglichkeit, Distanz zu eigenen Sichtweisen und Haltungen herzustellen." (Kehrlernplan Ministerium für Schule und Weiterbildung des Landes Nordrhein-Westfahlen 2013, 10). „Die Lernenden erweitern ihre interkulturelle Kompetenz und bringen sich im Dialog und in der Kooperation mit Menschen unterschiedlicher kultureller Prägung aktiv und gestaltend ein. Eigene und gesellschaftliche Perspektiven werden von ihnen zunehmend sachgerecht eingeschätzt. Die Lernenden übernehmen Verantwortung für sich und ihre Mitmenschen, für die Gleichberechtigung der Menschen ungeachtet des Geschlechts, der Abstammung, der Sprache, der Herkunft, einer Behinderung, der religiösen und politischen Anschauungen, der sexuellen Identität und der wirtschaftlichen und gesellschaftlichen Stellung." (Rahmenlehrplan 2006, 5). Zudem lassen sich in Bezug auf die kommunikative und interkulturelle Kompetenz folgende Kriterien nachweisen: Aufgaben- und Themenbezogenheit, Problemverständnis und Fundierung, Entfaltung des Themas, Reichhaltigkeit der Kenntnisse, Urteilsfähigkeit, Kreativität (Rahmenlehrplan 2006, 31). Als weitere Teilkompetenzen der interkulturellen kommunikativen Kompetenz gehören: Soziokulturelles Orientierungswissen, Interkulturelle Einstellungen und Bewusstheit sowie Interkulturelles Verstehen und Handeln (Ministerium für Schule und Weiterbildung des Landes Nordrhein-Westfahlen 2013, 14).

3.2 Funktionale kommunikative Kompetenz

Der Spanischunterricht entwickelt systematisch funktionale kommunikative Kompetenzen im Spektrum der fremdsprachlichen Fähigkeiten und Fertigkeiten „Hörverstehen/Hörsehverstehen", „Sprechen", „Leseverstehen", „Schreiben" und

„Sprachmittlung". Unter der Teilkompetenz *Hörverstehen/Hörsehverstehen* können die SuS unkomplizierte Äußerungen und klar strukturierte Hörsehtexte zu vertrauten Situationen und Themen verstehen. Diesbezüglich können SuS in unterrichtlicher Kommunikation alle wesentlichen Informationen zum Unterrichtsablauf verstehen und den Beiträgen folgen (Ministerium für Schule und Weiterbildung des Landes Nordrhein-Westfahlen 2013, 46). Des Weiteren fördern die SuS die Teilkompetenz *Sprechen,* indem sie in routinemäßigen Situationen an unkomplizierten Gesprächen teilnehmen und eigene Standpunkte äußern und diese durch einfache Begründungen stützen. Die Teilkompetenz *Leseverstehen* versteht sich als eine Fähigkeit, einfache authentische Texte unterschiedlicher Textsorten zu vertrauten Themen zu verstehen. Zudem können SuS literarische Texte verstehen und dabei zentrale Elemente wie Thema, Figuren und Handlungsablauf erfassen (Ministerium für Schule und Weiterbildung des Landes Nordrhein-Westfahlen 2013, 47). Unter der letzten Teilkompetenz *Sprachmittlung* „können die SuS in zweisprachigen Kommunikationssituationen wesentliche Inhalte einfach strukturierter Äußerungen und einfach strukturierter authentischer Texte zu vertrauten Themen sinngemäß für einen bestimmten Zweck in der Regel weitgehend situationsangemessen und adressatengerecht mündlich und schriftlich in der jeweils anderen Sprache zusammenfassend wiedergeben" (Ministerium für Schule und Weiterbildung des Landes Nordrhein-Westfahlen 2013, 47).

3.3 Text- und Medienkompetenz

Bezüglich der Text- und Medienkompetenz lässt sich sagen, dass die Schülerinnen und Schüler „unter Berücksichtigung eines grundlegenden Welt- und soziokulturellen Orientierungswissens Texte deuten und mit anderen Texten in zentralen Aspekten vergleichen und mündlich und schriftlich Stellung beziehen" (Ministerium für Schule und Weiterbildung des Landes Nordrhein-Westfahlen 2013, 23). „Die Schülerinnen und Schüler verfügen über die Fähigkeit zur in sich geschlossenen analytischen und kommentierenden Darstellung. Sie kennen Merkmale verschiedener Textsorten lebensweltlicher Relevanz und können sie in eigenen Texten anwenden, z. B. in einer Zusammenfassung, einem Bericht, einem Kommentar, einem Brief und in einfachen journalistischen Textsorten" (Rahmenlehrplan 2006, 17). Hierbei ist zu betonen, dass die SuS traditionelle und moderne Medien zur gezielten fremdsprachlichen Recherche, zur kritischen Informationsentnahme und zur Kommunikation nutzen.

4.Unterrichtsstunde

4.1 Angabe zur Rahmenbedingung

Die Unterrichtsstunde zum Thema *"movimientos migratorios de México a EE.UU"* ist für eine Einzelstunde (60 Minuten) an einem Gymnasium angesetzt. Dabei ist zu betonen, dass dieses Thema für Schülerinnen und Schüler einer Q1 entworfen wurde. Diese Unterrichtsstunde ist der letzte Teil der Unterrichtsreihe *„Movimientos migratorios de África a España y de México a EE.UU"* und dient als Abschluss dieser Thematik (siehe 4.5 Einordnung in die Unterrichtsreihe).

4.2 Thema des Unterrichtsvorhabens

Die Probleme und Gründe der *"movimientos migratorios de México a EE.UU"* werden anhand eines Darstellungstextes verdeutlicht.

4.3 Kernanliegen

Indem die Schülerinnen und Schüler mögliche Gründe für einen Grenzübergang von Mexiko in die USA aus dem Text entnehmen und diese in einem inneren Monolog zum Ausdruck bringen, versetzen sie sich in die Perspektive des Erzählers und entwickeln dadurch ein vertieftes Verständnis für die immer noch aktuelle Situation an der US-mexikanischen Grenze, wodurch sie vorab ihre kommunikative Kompetenz durch einen Think-Pair-Share-Austausch anregen und darüber hinaus ihre interkulturelle Kompetenz erweitern.

10

4.4 Stundenverlaufsplan

Tabellarischer Stundenverlauf

Unterrichtsphase	Unterrichtsgeschehen/ Handlungsschritte	Sozialform/ Methode	Medium/ Material	Didaktisch-methodischer-Kommentar
Einstieg (10 Min.)	Die SuS beschreiben das Bild, das eine alltägliche Situation an der Grenze zwischen Amerika und Mexiko zeigt und sie können durch ihr Vorwissen Gründe für die Problematik benennen. Im Anschluss werden diese Gründe und auch mögliche Vokabelhilfen via Mindmap oder Schaubild festgehalten.	UG/PL	Foto auf Folie /OHP Tafel	• Aktivierung der SuS • Aktivierung von Vorwissen • Vokabelerweiterung
Erarbeitung (30 Min.)	Die SuS erarbeiten aus dem Text die Gründe für einen Grenzübergang heraus. Arbeitsauftrag: *"Comenta y escribe las razones de muchos mexicanos para intentar cruzar la frontera una y otra vez."* Anschließend tauschen sich die SuS über ihre Ergebnisse aus. Arbeitsauftrag: *„Comparad vuestros resultados con el compañero o la compañera."*	Think Pair Share	Text	• Förderung der Lesekompetenz: Entnahme zentraler Elemente durch selektives Lesen • Kommunikative Kompetenz
Sicherung (20 Min.)	Die von den SuS erarbeiteten Aspekte werden an der Tafel gesichert und von den SuS jeweils erläutert.	UG/PL	Text u. Tafel	• Austausch, Vergleich, Kontrolle • Kommunikative Kompetenz: reden in der

11

				Zielsprache
Transfer: Zuhause/ Hausaufgaben	Die SuS sollen sich nun in die Perspektive eines illegalen Einwanderers, der die Grenze überschreitet, hineinversetzen. Dabei sollen sie nun Zuhause schriftlich mögliche Ängste, Gefahren, Sehnsüchte und Träume beschreiben. Arbeitsauftrag: *„Imagina que tú estas en una situación similar. Escribe un monólogo interior sobre tus miedos, sentimientos, deseos y motivaciones."*	EA	x	• Interkulturelle Kompetenz sowie Perspektivwechsel • Das vorher sprachliche wird nun schriftlich gefestigt.

4.5 Einordnung in die Unterrichtsreihe

Tabellarische Reihenplanung Spanisch – Thema: Movimientos migratorios de África a España y de México a EE.UU

Bedingungen: Gymnasium, QI, 90min. Stunde

Ziele: Schülerinnen und Schüler (SuS) kennen die problematische Lage der Migranten, können sich in die Lage eines Migranten hineinversetzen, Hoffnungen und Wünsche der Migranten mit Hilfe des Konditionals äußern und Verbesserungsvorschläge formulieren.

Nr., Thema	Kompetenzen/Ziele	Inhalt
1. Clandestino	Die SuS werden für das Thema „immigración" sensibilisiert, indem sie die mögliche Gefahren einer illegalen Einwanderung eigenständig herausarbeiten und in eigenen Worten auf Spanisch wiedergeben.	• Gemeinsame Analyse des Liedes Clandestino
2. Esperanza	Die SuS können mit Hilfe des Konditionals die Wünsche und Hoffnungen der Migranten formulieren.	• Einstieg: MindMap • Die SuS bearbeiten einen Text, indem ein Migrant seine Wünsche formuliert. • Die SuS erkennen die neue Form condicional und sammeln die verschiedenen Verben an der Tafel. • Transfer: Tagebucheintrag
3. El viaje	Die SUS können sich in die Lage eines Flüchtlings hineinversetzen, ihre Gefühle schildern und Verbesserungsvorschlägen geben.	• Szenarische Darstellung der Bootsüberfahrt • Transfer: Wie hast du dich dabei gefühlt? Kannst du dir vorstellen, wie man die Situation verbessern kann?
4. Biografía	Die SuS erkennen die Vergangenheitsformen „Indefinido" und „Imperfecto" und können einfache Sätze in der Vergangenheit bilden.	• Die SuS erhalten einen Bericht eines minderjährigen Kindes und sollen dabei die Verben unterstreichen. • Die Vergangenheitszeiten werden anhand des Textes gelernt und eingeübt.
5. Ceuta y Melilla	Die SuS kennen die Problematik der Grenzüberwachung im Süden Spaniens.	• Einstieg: Video zur spanischen Grenzüberwachung. • SuS lesen den Text zur Überwachung der Grenzen. • abschließende Feedbackrunde ein.
6. México y EE.UU.	SuS setzen sich mit der Problematik der illegalen Immigration von Mexiko in die USA auseinander. SuS erweitern ihre interkulturelle Kompetenz, indem sie individuelle Beweggründe der illegalen Einwanderer herausarbeiten und einen Perspektivwechsel vollziehen.	• Einstieg: Fotos der Grenze zwischen Mexiko und den USA. • SuS lesen Texte über die illegale Grenzüberquerung zwischen Mexiko und den USA und ordnen diese den Fotos zu. • GA: Jede Gruppe erhält einen Text. SuS arbeiten die im Text beschriebenen Gründe für die Immigration in die USA heraus und halten diese auf einem Plakat stichpunktartig fest. • Transfer: Tagebucheintrag/ Brief

4.6 Didaktische Analyse der Phasen

Nachdem die Schülerinnen und Schüler bisher die Gefahren einer illegalen Einwanderung von Afrika nach Spanien herausgearbeitet haben, setzt sich diese Stunde mit der Problematik der illegalen Immigration von Mexiko in die USA auseinander. In diesem Stundenthema sollen sich die Schülerinnen und Schüler in die Perspektive des Erzählers hineinversetzen und ein vertieftes Verständnis für die aktuelle Situation der US-mexikanischen Grenze entwickeln.

Der Einstieg der Stunde findet mit Hilfe des OHP's statt. Die SuS beschreiben das Bild (siehe Anhang 6.1), das eine alltägliche Situation an der Grenze zwischen Amerika und Mexiko zeigt. Dabei ist ein Bild eine „flächige, visuelle Darstellung eines begrenzten Ausschnitts von realen Gegebenheiten, eines Originals oder von imaginären Sachverhalten" (Toman 2006, 143). Das einführende Bild soll das Interesse der Schülerinnen und Schüler wecken und ermöglicht den SuS, ihr Vorwissen zu aktivieren, um Gründe für die Problematik an der Grenze zu benennen. Im Anschluss werden diese Gründe und auch mögliche Vokabelhilfen via Mindmap oder Schaubild festgehalten. Für diese Phase sind 10 Minuten eingeplant. Die Ergebnisse sollen anschließend auf einem Tafelbild abgesichert werden, sodass die SuS dies auch in ihre Unterlagen übernehmen können. Das Tafelbild ist das traditionsreichste visuelle Medium und ist das im Unterricht am häufigsten eingesetzte Medium. Dieses Hilfsmittel wird seit Jahrhunderten in der Schule verwendet und dient in zahlreichen Situationen zur Vermittlung von Text und bildlicher Information (Von Martial & Ladenthin 2005, 189). Die Lehrperson ist bestrebt, unter Zuhilfenahme einer Tafel „durch *chalk and talk* also, ein bestimmtes Lernziel zu erreichen." Es sollte nicht unerwähnt bleiben, dass das Tafelbild vom Schülertafeldienst vor Beginn der neuen Stunde beseitigt wird und somit verlorengeht. O.H. Jung (2010, 111) bezeichnet deshalb Tafelbilder als „die Stiefkinder der Fachdidaktik."

In der Erarbeitungsphase (30 Minuten) sollen die SuS mit dem Darstellungstext „En la frontera del sueño americano" arbeiten. Die SuS erarbeiten aus dem Text die Gründe für einen Grenzübergang. Durch einen Think-Pair-Share-Austausch sollen die SuS ihre kommunikative Kompetenz anregen und darüber hinaus ihre interkulturelle Kompetenz erweitern. Die Think-Pair-Share-Methode ist „eine unaufwändige, die Lernenden aktivierende und motivierende Alltagsstruktur kooperativen Lernens, geeignet für „Einsteiger" und beliebt bei

13

„Fortgeschrittenen." Zunächst meint Think-Pair-Share ein Wechselspiel von individuellem und kooperativem Lernen (Heckt 2008, 31). In der Think-Phase setzt sich jeder Schüler individuell mit dem Arbeitsauftrag auseinander. Wichtig ist hierbei, dass die Lehrkraft hierfür eine Zeitspanne vorgibt. In der Pair-Phase gehen die SuS paarweise zusammen und werden von der Lehrkraft dahingehend informiert, dass jeder nach dieser Phase in der Lage sein soll, die Informationen des Partners dem Plenum zu präsentieren. Die Schüler stellen jeweils kurz ihre Antworten und Ergebnisse vor und gleichen ihre Ideen mit dem Nachbarn ab. Schließlich in der letzten Share-Phase werden die Paare aufgefordert, ihre Ergebnisse mit dem Plenum zu teilen. Diese Methode ist sehr sinnvoll, da sie den ängstlichen SuS den Auftritt vor dem Plenum erleichtert. Das Prinzip Think-Pair-Share stellt somit eine wichtige Voraussetzung für die Entwicklung eines gesunden Selbstwertgefühls dar und bietet „Beteiligungsmöglichkeiten, ohne Schülerinnen und Schüler zu überfordern" (Heckt 2008, 31). Um die Think-Pair-Share-Methode in dieser Unterrichtsstunde anzuwenden, soll sich zunächst jeder Schüler in der Think-Phase mit der Frage auseinandersetzen: *"Comenta y escribe las razones de muchos mexicanos para intentar cruzar la frontera una y otra vez."* Nachdem sie mögliche Gründe für einen Grenzübergang von Mexiko in die USA herausgearbeitet haben, tauschen sich die SuS in der Pair-Phase über ihre Ergebnisse aus. Hier lautet der Arbeitsauftrag: *„Comparad vuestros resultados con el compañero o la compañera."* In der Sicherungsphase sind 20 Minuten eingeplant. Die von den SuS erarbeiteten Aspekte werden schließlich in der Share-Phase an der Tafel gesichert und von den SuS jeweils erläutert. Auch in dieser Phase eignet sich das Tafelbild gut, da kein technisches Wissen vorausgesetzt wird und Fehler sofort beseitigt bzw. korrigiert werden können. Zudem ist zu betonen, dass in einer Gruppenarbeit erst dann kooperativ gelernt werden kann, wenn sowohl positive Interdependenzen hergestellt werden als auch individuelle Verantwortlichkeit der SuS sichergestellt wird (Borsch 2015, 21). Somit ist diese kooperative Phase lernzentriert, da während des Lernprozesses die Lehrkraft in den Hintergrund tritt.

Zuletzt sollen sich die SuS als Transfer in die Perspektive eines illegalen Einwanderers, der die Grenze überschreitet, hineinversetzen. Dabei sollen sie nun Zuhause schriftlich mögliche Ängste, Gefahren, Sehnsüchte und Träume beschreiben. Dieser Arbeitsauftrag lautet: *„Imagina que tú estás en una situación similar. Escribe un monólogo interior sobre tus miedos, sentimientos, deseos y motivaciones."* Dieser Perspektivwechsel dient dazu, sich aktiv in Denk- und

Verhaltensweisen von Menschen anderer Kulturen hineinzuversetzen und aus der spezifischen Differenzerfahrung Empathie für den anderen zu entwickeln (Kernlehrplan Spanisch 2013, 22).

Das Lernziel dieser Unterrichtseinheit liegt darin, dass die Schülerinnen und Schüler zentrale Elemente durch selektives Lesen entnehmen können und somit ihre Lesekompetenz zu fördern. Des Weiteren sollen die Schülerinnen und Schüler interkulturelle kommunikative Kompetenz fördern. Sie können sich der kulturellen Vielfalt und der damit verbundenen Chancen und Herausforderungen weitgehend bewusstwerden und neuen Erfahrungen mit fremder Kultur grundsätzlich offen und lernbereit begegnen (Kernlehrplan Spanisch 2013, 50). Des Weiteren sollen sie sich fremdkultureller Werte, Normen und Verhaltensweisen, die von den eigenen Vorstellungen abweichen, weitgehend bewusstwerden und Toleranz entwickeln.

5. Fazit

In dieser Arbeit wurde eine Unterrichtsstunde zum Thema *"movimientos migratorios de México a EE.UU"* am Beispiel des Darstellungstextes *„En la frontera del sueño americano"* mit besonderem Blick auf die interkulturell-kommunikative Kompetenz des Spanischunterrichts dargestellt. In dieser Arbeit wurde deutlich, dass die interkulturell-kommunikative Kompetenz für den Spanischunterricht von besonders großer Wichtigkeit ist und im Kernlehrplan sehr stark verankert ist. Demzufolge versucht die geplante Unterrichtsstunde das interkulturelle Bewusstsein der SuS zu stärken:

> „Sie können sich der kulturellen Vielfalt und der damit verbundenen Chancen und Herausforderungen weitgehend bewusstwerden [zu lassen] und neuen Erfahrungen mit fremder Kultur grundsätzlich offen und lernbereit begegnen (Ministerium für Schule und Weiterbildung des Landes Nordrhein-Westfahlen 2013, 21).

Darüber hinaus stellen kreative Verfahren eine große Bereicherung für den Fremdsprachenunterricht dar. Diese sollten jedoch mit analytischen Verfahren kombiniert werden, damit ein guter und effektiver Unterricht ermöglicht werden kann (Sommerfeldt 2011, 161). Es lässt sich also festhalten, dass besonders kreative Verfahren im Fremdsprachenunterricht benötigt werden, um bereits vorhandenes Wissen neuzuordnen und den SuS ihre eigenen Wahrnehmungen und Einstellungen weitgehend bewusst werden zu lassen (Kernlehrplan Spanisch 2013, 22).

6.Anhang

6.1: Bild

Fuente: http://multimedia.ecuavisa.com/sites/default/files/fotos/2013/06/25/muro.jpg
(27.01.2017)

7.Literaturverzeichnis

Baudson, T. G. (2010): Ich hab' gleich Krea. Kreative Schule I: So könnte Kreativität als Fach in die Schulen kommen. In: Ramge, Thomas (Hrsg.): Jetzt neu. Wie wir eine kreative (re) Gesellschaft werden. Berlin. 190-199.

Borsch, Frank (2015): Kooperatives Lernen: Theorie-Anwendung-Wirksamkeit. Kohlhammer Verlag. Frankfurt.

Eberhardt, Jan-Oliver (2013): Interkulturelle Kompetenzen im Fremdsprachenunterricht: auf dem Weg zu einem Kompetenzmodell für die Bildungsstandards. Wiss. Verlag Trier.

Fäcke, Christiane (2011): Fachdidaktik Spanisch. Narr Francke Attempto Verlag.

Hallet, Wolfgang, und Frank G. Königs (2009): Handbuch Fremdsprachenunterricht.

Heckt, Dietlinde H. (2008): Das Prinzip Think-Pair-Share: über die Wiederentdeckung einer wirkungsvollen Methode. In: Friedrich Jahresheft XXVI (Hrsg.): Individuell Lernen – Kooperativ arbeiten. 31-33.

Hinrichs, Beatrix (2011): Kreatives Schreiben - ein Weg zur Förderung der Schreibkompetenz von Schülern mit Deutsch als Zweitsprache im Deutschunterricht.

Jung, Udo OH. (2010): Tafelbild und Tafelanschrieb. Stiefkinder der Fachdidaktik. In: Hecke, C.& Surkamp, C. (Hrsg.): Bilder im Fremdsprachenunterricht. Neue Ansätze, Kompetenzen und Methoden. Tübingen. 111-126.

Küster, Lutz & Decke-Cornill, Helene (2010): Fremdsprachendidaktik. Eine Einführung. Tübingen.

Laurenz, Volkmann (2010): Fachdidaktik Englisch: Kultur und Sprache. Tübingen: Narr.

Lüsebrink, Hans-Jürgen (2005): Interkulturelle Kommunikation. Interaktion, Fremdwahrnehmung, Kulturtransfer. Stuttgart: Metzler 680.

Massialas, Byron George & Zevin, Jack (1969): Kreativität im Unterricht. Unterrichtsbeispiele nach amerikanischen Lerntheorien. Creative encounters in the classroom. Stuttgart: Klett.

Meißner, Franz-Joseph (2010): Spanisch kompetenzorientiert unterrichten. Klett Kallmeyer.

Meißner, Franz-Joseph (2011): Spanischunterricht gestalten: Wege zu Mehrsprachigkeit und Mehrkulturalität. Kallmeyer. Hamburg.

Ministerium für Schule und Weiterbildung des Landes Nordrhein-Westfalen (2013): Sekundarstufe II: Gymnasiale Oberstufe des Gymnasiums und der Gesamtschule; Richtlinien und Lehrpläne; Kernlehrpläne für die Fremdsprachen.

Rück, Heribert (1997): Kreativität und Interaktion. In: Meißner, Franz-Joseph (Hrsg.): Interaktiver Fremdsprachenunterricht: Wege zu authentischer Kommunikation: Festschrift für Ludger Schiffler zum 60. Geburtstag. 1-12.

Senatsverwaltung für Bildung, Jugend und Sport (2006): Rahmenlehrplan für die gymnasiale Oberstufe. Fach Spanisch. Berlin.

Sommerfeldt, Kathrin (2011): Spanisch Methodik. Handbuch für die Sekundarstufe I und II. Berlin.

Toman, Hans (2006): Historische Belange und Funktionen von Medien im Unterricht: Grundlagen und Erfahrungen. Schneider-Verlag Hohengehren.

Von Martial, Ingbert & Ladenthin, Volker (2005): Medien im Unterricht: Grundlagen und Praxis der Mediendidaktik. Schneider-Verlag Hohengehren.